Ilustrações: Avelino Guedes

Brincantes poemas

César Obeid

Escritor, educador e contador de histórias. Publicou vários livros pela Editora Moderna, entre eles, *Rimas animais*, *Rimas saborosas*, *O cachorro do menino*, *Aquecimento global não dá rima com legal* e *Para ler, ver e ouvir – Histórias indianas do Pantchatantra*. Site do autor: www.cesarobeid.com.br

São Paulo, 2011
1ª edição

© CÉSAR OBEID, 2011

COORDENAÇÃO EDITORIAL Lisabeth Bansi
ASSISTÊNCIA EDITORIAL Paula Coelho
COORDENAÇÃO DE PRODUÇÃO GRÁFICA Dalva Fumiko N. Muramatsu
COORDENAÇÃO DE EDIÇÃO DE ARTE Camila Fiorenza
PROJETO GRÁFICO Camila Fiorenza
DIAGRAMAÇÃO Cristina Uetake
ILUSTRAÇÕES DE CAPA E MIOLO Avelino Guedes
COORDENAÇÃO DE REVISÃO Elaine Cristina del Nero
REVISÃO Luís M. Boa Nova
COORDENAÇÃO DE *BUREAU* Américo Jesus
TRATAMENTO DE IMAGENS RCS Digital, Fabio Novaes Precendo
PRÉ-IMPRESSÃO Helio P. de Souza Filho, Marcio Hideyuki Kamoto
COORDENAÇÃO DE PRODUÇÃO INDUSTRIAL Wilson Aparecido Troque
IMPRESSÃO E ACABAMENTO Forma Certa Gráfica Digital
LOTE 788271
CÓDIGO 12071189

Dados Internacionais de Catalogação na Publicação (CIP)
(Câmara Brasileira do Livro, SP, Brasil)

Obeid, César
  Brincantes poemas / César Obeid ; ilustrações
Avelino Guedes. – 1. ed. – São Paulo : Moderna, 2011.

  ISBN 978-85-16-07118-9

  1. Poesia – Literatura infantojuvenil
I. Guedes, Avelino. II. Título.

11-05738   CDD-028.5

Índices para catálogo sistemático:
1. Poesia : Literatura infantil   028.5
2. Poesia : Literatura infantojuvenil   028.5

Reprodução proibida. Art.184 do Código Penal e Lei 9.610 de 19 de fevereiro de 1998.

Todos os direitos reservados
EDITORA MODERNA LTDA.
Rua Padre Adelino, 758 - Belenzinho
São Paulo - SP - Brasil - CEP 03303-904
Vendas e Atendimento: Tel. (11) 2790-1300
Fax (11) 2790-1501
www.modernaliteratura.com.br
2024

Impresso no Brasil

Minhas Paixões: Brincadeiras e Poemas

Queridos leitores, com imensa satisfação apresento este livro. Nele reúno duas paixões: brincadeiras e poemas. Vou contar como começou essa história toda.

Cresci em uma casa em frente a uma grande praça, e foi lá que conheci inúmeras brincadeiras. Subi em árvores imaginando lugares incríveis, joguei bola, joguei taco, brinquei de pega-pega, esconde-esconde, bolinha de gude, soltei pipas, andei de bicicleta e construí fliperamas de madeira, pregos e elásticos. Enfim, foram inúmeros brinquedos e brincadeiras que me acompanharam durante toda a minha infância.

Já na adolescência, as brincadeiras mudaram um pouco, mas eu nunca as deixei de lado. Eu e meus irmãos transformávamos a mesa da sala de jantar numa mesa de pingue-pongue. Claro que minha mãe ficava brava com tanta bagunça, mas ela sabia que seus filhos estavam fazendo o que toda criança deve fazer: brincar.

O tempo foi passando e continuei brincando; aos 19 anos, comecei a fazer teatro e descobri outras formas de brincar com o corpo, com a voz e com as emoções. Não passou muito tempo, comecei a escrever poemas. E, desde sempre, achei que versos rimados tinham tudo a ver com brincadeira. Até hoje continuo brincando com poemas, com figuras de barbante, com livros e com o que mais aparecer.

Assim, entrego agora a vocês este livro cheio de poemas feitos para brincadeiras tradicionais, cooperativas e competitivas. Como existem muitas formas de brincar, também existem muitas formas de fazer poesia. Vamos brincar com essa mistura?

Não posso deixar de falar da minha terceira paixão: ver criança com cara de criança, com roupa de criança, com sapato de criança, com suor de criança e com sorriso de criança!

Espero que brinquem muito com este livro.

Mando um abraço cheio de rimas e brincadeiras.

O Autor

*Clarinha, este livro é
pra você!*

Abertura
triolé

Meus poemas mais brincantes
Estão doidos pra brincar
Porque são eletrizantes.
Meus poemas mais brincantes
Feitos de latas, barbantes
E o que mais der pra inventar.
Meus poemas mais brincantes
Estão doidos pra brincar.

O brinquedo fica vivo
Quando abraça a poesia.
Se ele for cooperativo,
O brinquedo fica vivo,
Mas se for competitivo
Também tem muita alegria.
O brinquedo fica vivo
Quando abraça a poesia.

Ninguém vai ficar de fora
Todos são meus convidados
Pra brincar sem ter demora.
Ninguém vai ficar de fora
Que o momento é agora
Pra brincarmos animados.
Ninguém vai ficar de fora
Todos são meus convidados.

Garrafa Girando
quadras

Garrafa girando
Na borda da roda
Nunca sai de moda
E vive abafando.

O pulo do povo
Não pode parar,
Se alguém tropeçar
Começa de novo.

Pra lá e pra cá,
Girando, girando,
A corda puxando
O nosso brincar.

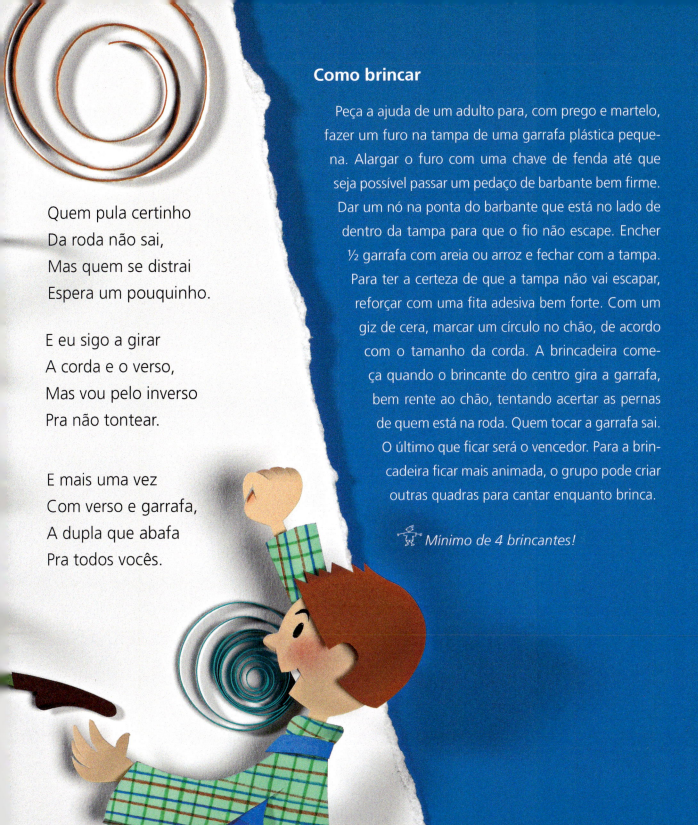

Quem pula certinho
Da roda não sai,
Mas quem se distrai
Espera um pouquinho.

E eu sigo a girar
A corda e o verso,
Mas vou pelo inverso
Pra não tontear.

E mais uma vez
Com verso e garrafa,
A dupla que abafa
Pra todos vocês.

Como brincar

Peça a ajuda de um adulto para, com prego e martelo, fazer um furo na tampa de uma garrafa plástica pequena. Alargar o furo com uma chave de fenda até que seja possível passar um pedaço de barbante bem firme. Dar um nó na ponta do barbante que está no lado de dentro da tampa para que o fio não escape. Encher ½ garrafa com areia ou arroz e fechar com a tampa. Para ter a certeza de que a tampa não vai escapar, reforçar com uma fita adesiva bem forte. Com um giz de cera, marcar um círculo no chão, de acordo com o tamanho da corda. A brincadeira começa quando o brincante do centro gira a garrafa, bem rente ao chão, tentando acertar as pernas de quem está na roda. Quem tocar a garrafa sai. O último que ficar será o vencedor. Para a brincadeira ficar mais animada, o grupo pode criar outras quadras para cantar enquanto brinca.

Mínimo de 4 brincantes!

Cobra com Corda
quintilhas à moda limerique

Brincar é uma grande alegria,
Melhor quando tem poesia.
Que não falte pique,
Pois com limerique
Duplica demais a energia.

Encontro um pedaço de corda,
Então uma cobra acorda.
Começo a pular,
Não quero parar,
Pois minha alegria transborda.

A cobra da corda não pica,
Não fere, nem morde ou aplica
Um bote mortal,
Mas é genial
A cobra que nunca se estica.

Como brincar

Dois participantes seguram uma corda e a mexem bem rente ao chão, imitando os movimentos de uma cobra. A brincadeira começa quando um ou mais brincantes pulam a corda. Gradativamente, os movimentos podem ficar mais intensos. Perde quem primeiro tocar na corda. A brincadeira fica mais divertida quando as quintilhas são cantadas e, no mesmo ritmo, são inventadas outras estrofes.

Mínimo de 3 brincantes!

Os Potes da Bruxa
sextilhas

Brincando eu puxo
Um verso gorducho,
Fugindo da bruxa
Que corre e me pega,
Espero o colega
Que salva e me puxa.

Não é pega-pega,
Mas com meu colega
Eu vivo correndo
Fugindo dos potes
E dando pinotes,
Brincando e aprendendo.

Se um dia brincando
Mudar o comando
E eu virar bruxa,
Que coisa bacana
Brincar a gincana
Dos potes da bruxa.

Como brincar

Escolher quem será a bruxa e desenhar no chão alguns círculos que serão os seus potes – bambolês espalhados pelo chão também servem. A brincadeira começa quando os outros participantes se aproximam da bruxa, tendo como objetivo não ser pego. Quando a bruxa consegue tocar em alguém, ela o prende em um pote. Quem ficou preso só poderá ser salvo por outro brincante que conseguir entrar no pote sem ser pego por ela.

E se a bruxa tocar nos dois? Eles dividem o pote até serem salvos por outro brincante.

Mínimo de 5 brincantes!

Como brincar

Eleger quem será o adivinho. Os outros brincantes posicionam-se em posturas bem definidas, quase como estátuas. O brincante adivinho observa atentamente a posição dos seus colegas e seus olhos são vendados. Apenas um dos brincantes muda a posição.

A venda do adivinho é retirada e ele tenta descobrir quem mudou os gestos.

Mínimo de 4 brincantes!

Sapato de Lata
carretilha

Sapato de lata
Me dá alegria,
De noite, de dia
Que coisa sensata.
Ouço a serenata
Que vem do meu pé,
De frente ou de ré
Ganho a liberdade
Que eu uso à vontade
E não tem chulé.

Como brincar

Conseguir duas latas do mesmo tamanho e dois pedaços de barbante bem resistentes de aproximadamente 2 metros cada – o comprimento do barbante pode variar de acordo com a altura do brincante. Peça para um adulto fazer um furo de cada lado da

lata, usando prego e martelo. Procurar fazê-los paralelos e centralizados para que o seu sapato não fique pendendo mais para um lado do que para o outro. Introduzir as pontas dos barbantes nos furos, de fora para dentro das latas, e dar nós bem firmes para que o barbante não escape. A brincadeira ficará mais divertida quando você andar com os seus novos sapatos e disser um verso da carretilha por passada. Claro que você pode criar outras estrofes e até pintar as suas latas com suas cores preferidas.

Pular Corda
parelhas

Pular corda é um brinquedo
Que não tem nenhum segredo.

A favor da ecologia,
Vem do corpo a energia.

Basta ritmo e expressão
E também disposição.

Com um pé só ou dois unidos,
Com os amigos mais queridos.

Onde o canto abraça a dança
E o corpo já balança.

Com uma corda ou com duas,
Nas escolas ou nas ruas.

Pode ser rápido ou lento,
Porém sempre em movimento.

Com canção ou sem canção,
Mas com paz no coração.

Pular corda é um brinquedo
Que não tem nenhum segredo.

Como brincar

Geralmente, a brincadeira é feita com três brincantes; dois batem a corda enquanto o outro pula. São muitas variações desta divertida brincadeira que existe no mundo todo:

✻ Pode ser feita individualmente. Para o desafio ser maior, tente cruzar os braços enquanto pula.

✻ Pode ser feita em duplas. Basta amarrar uma ponta da corda em um poste ou uma árvore para um brincante bater e o outro pular.

✻ Com um número maior de brincantes, pode-se fazer fila para entrar, pular e sair.

✻ Os brincantes que batem podem usar duas cordas para aumentar o grau de dificuldade.

Roda dos Bichos
galope à beira-mar

Se eu sou o gato procuro miados,
Se eu sou o cachorro procuro latidos,
Se eu sou a vaca procuro mugidos,
Se eu sou o macaco procuro chiados,
Porém faço a busca de olhos vendados
E vou caminhando até encontrar
O meu semelhante para lhe abraçar.
Na roda dos bichos eu me sinto vivo,
Brincando esse jogo bem cooperativo,
Só tomo cuidado pra não tropeçar.

Como brincar

Formar uma roda e enumerar de 1 a 4 todos os brincantes. Ou seja, algumas pessoas serão os números (1), outras serão os números (2), e assim sucessivamente. Eleger um bicho para cada número. Por exemplo, todas as crianças números (1) serão os cachorros, as crianças números (2) serão os gatos, e assim por diante. Ou seja, a quantidade de bichos será bem equilibrada. O objetivo da brincadeira é reunir em cada canto do espaço os mesmos bichos.

Claro que, para isso ser possível, os bichos devem comunicar-se vocalmente e corporalmente de acordo com suas características. Não podemos esquecer de que todos devem permanecer de olhos fechados até o final da brincadeira. Vai ficar muito mais emocionante!

Mínimo de 8 brincantes!

Anel no Barbante
terça rima

Começou a brincadeira
Com anel e com barbante.
Alegria verdadeira.

Fez-se círculo num instante
E uma roda se formou,
Brincadeira empolgante.

O brincar já provocou
A mais pura alegria
Que o povo abraçou.

O anel 'tá' com a Maria?
Clara, Igor ou João,
Pedro, Sônia ou Sofia?

Use a sua intuição
E adivinhe num instante;
O anel 'tá' em qual mão
Que segura este barbante?

Como brincar

Passar um anel dentro de um longo pedaço de barbante que será amarrado nas pontas – o comprimento do fio vai depender do número de participantes. Os brincantes sentam-se em roda no chão e seguram o barbante com as duas mãos. É escolhido alguém para sentar no centro do círculo de olhos fechados. O anel está escondido em uma das mãos de um dos participantes. Depois de escolhido um sentido para rodar, a brincadeira começa quando o brincante que está no centro abre os olhos e os outros participantes iniciam o canto ritmado das estrofes e o movimento das mãos que se tocam. Nesse ritmo, o anel deve ser passado de mão em mão. Ao final da última estrofe, quem está no centro tenta adivinhar com quem está o anel. Depois de descoberto, eles trocam de lugar e a brincadeira continua. A quarta estrofe pode ser improvisada com os nomes dos participantes.

Mínimo de 5 brincantes!

Bambolê
quintilhas à moda limerique

Com meu bambolê bamboleio,
Balanço, mas nunca bobeio.
No bom balancê,
Giro o bambolê
No fim, no começo e no meio.

Eu brinco rodando a cintura,
Rebolo e não perco a postura.
Eu sigo girando,
Contente e brincando,
Curtindo a vida mais pura.

Como brincar

Não tem muito segredo, basta colocar o bambolê e rodar a cintura. O objetivo é permanecer com ele em movimento pelo maior tempo possível. Para deixar a brincadeira ainda mais atraente, você podê atirá-lo para cima e pegá-lo com um braço e continuar girando. Experimente também rodar o bambolê nas pernas e no pescoço; é um pouco difícil, mas muito divertido. Ah, não se esqueça de que também é possível rodar com mais de um bambolê ao mesmo tempo.

O Robô da Confiança
oitavas

O robô da confiança
Fortalece a aliança
Para adulto ou criança
Que aperta seus botões.
Vai seguir nas direções
De linhas retas e opostas
Porque quem toca nas costas
Também toca os corações.

Os brincantes comandados
Seguem de olhos fechados,
Porém sempre amparados
Por aqueles comandantes
E depois de alguns instantes
Todos trocam de papéis.
Confiança é nota dez
Para todos os brincantes.

Como brincar

Formar duplas e escolher quem será o comandante e quem será o robô. Para operá-lo, o brincante que comanda possui o painel de controle, que são as costas do amigo. As operações são:

• Um toque no centro das costas na parte superior: O robô anda para frente.
• Um toque no centro das costas na parte inferior: O robô para.
• Um toque no ombro direito: O robô vira à direita.
• Um toque no ombro esquerdo: O robô vira à esquerda.

A comunicação pode ficar mais eficiente se os comandos de virar forem feitos com o robô parado. Como o robô está sempre com os olhos fechados, esta brincadeira pede total confiança no comandante, que deve ter atenção redobrada para cuidar muito bem do seu amigo. Ah, não podemos esquecer: durante a brincadeira ninguém pode falar!

Mínimo de 2 brincantes!

Telefone com Latas e Barbante
vilanela

Com apenas duas latas
Eu fabrico um telefone
Nas cidades ou nas matas.

Sejam novas ou sucatas
Elas vão servir de fone,
Com apenas duas latas.

Em conversas tão sensatas
Eu só peço que funcione
Nas cidades ou nas matas.

Ouço o som de mil cascatas
Sem plugar o microfone
Com apenas duas latas.

Vou cantar minhas serenatas
Pra que você se apaixone,
Com apenas duas latas
Nas cidades ou nas matas.

Como brincar

Peça para um adulto fazer um furo no centro de duas latas de alumínio. Passar as pontas de um barbante pelos buracos das latas e dar um nó em cada ponta pelo lado de dentro, para que o fio não escape. O telefone está pronto! Enquanto um brincante fala direcionando a boca para o centro de uma das latas, o outro escuta na outra. Não se esqueça de deixar o barbante bem esticado para que o telefone funcione bem! O comprimento do barbante pode variar; experimente fazer com três metros ou mais.

Mínimo de 2 brincantes!

O Rabo do Dragão Doido
quadras, última estrofe quintilha

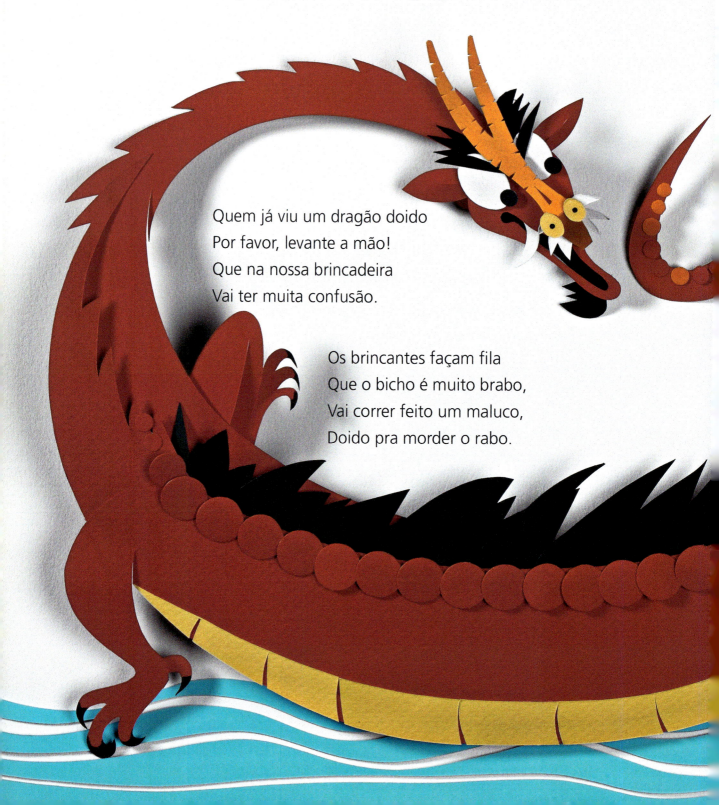

Quem já viu um dragão doido
Por favor, levante a mão!
Que na nossa brincadeira
Vai ter muita confusão.

Os brincantes façam fila
Que o bicho é muito brabo,
Vai correr feito um maluco,
Doido pra morder o rabo.

Quem entrou na brincadeira
Fica atento ao movimento
Que o dragão anda bem rápido,
Mas às vezes anda lento.

Todo mundo tem cuidado
Para ele não "quebrar",
Mas se isso acontecer,
Ninguém vai entristecer,
O que vale é brincar!

Como brincar

Em uma grande área, seis ou mais brincantes formam uma fila segurando um na cintura do outro. O brincante que estiver posicionado no primeiro lugar será a "cabeça" do dragão, o brincante que estiver posicionado em último lugar será o "rabo" e terá um lenço preso à sua cintura. O objetivo é fazer com que a "cabeça" pegue o "rabo". Todos terão que trabalhar em conjunto para que o objetivo seja alcançado. Lembre-se de que este dragão é doido e sempre anda por caminhos sinuosos. Se o brincante que faz a "cabeça" conseguir tocar no "rabo", ele continua nessa posição, mas se o corpo do dragão "quebrar" antes de alcançar o objetivo, quem brincava na "cabeça" vai para o final da fila. A brincadeira continua até que todos tenham sido o "rabo" e a "cabeça".

Mínimo de 6 brincantes!

Sumiram as Banquetas!
parelhas

São quatro brincantes,
Todos importantes.

Um olha pro leste,
O outro pro oeste.

Quem olha pro sul
Vê o céu azul.

Quem olha pro norte
Na vida tem sorte.

Deito no colega,
Ninguém escorrega.

Tiraram as banquetas,
Ninguém faz caretas.

Estamos suspensos,
Não ficamos tensos.

Parece magia,
Mas é alegria!

Sem banco ou cadeira
Lá vem brincadeira.

Como brincar

Posicionar quatro banquetas de modo que fiquem paralelas e unidas. Cada brincante tomará assento olhando para um ponto cardeal. Todos deitam as costas nas pernas do colega. Verificar se os pés estão bem apoiados no chão. Um quinto brincante retira as banquetas, uma por uma. Mesmo sem elas, os outros quatro participantes permanecem sentados! Para desfazer a posição, todos dão as mãos e o quinto brincante os ajuda a subir. Por se tratar de uma brincadeira de equilíbrio, é aconselhável que os participantes sejam de estaturas parecidas.

Mínimo de 5 brincantes!

Cabo de Guerra
quadras

A guerra do cabo
É bem divertida,
Mas a de verdade
É coisa perdida.

Em uma brincamos
Com nossos amigos,
Na outra os homens
Só vivem perigos.

Em uma eu ganho
Total liberdade,
Na outra há prisão
E só crueldade.

Que o cabo de guerra
Brincando dê paz
E a guerra que fere
Não exista mais.

Como brincar

Formar duas equipes de brincantes. Amarrar um pedaço de pano ou um barbante no centro de uma corda bem resistente. Marcar uma linha no chão de modo que o pano fique exatamente na sua direção. Ao dar o sinal de partida, os brincantes puxam a corda, cada equipe para um lado. Perde a equipe que primeiro pisar na linha.

Mínimo de 4 brincantes!

Acróstico
décima e sextilha

Brincadeira sempre é
Remédio para a incerteza,
Invenção é cafuné
No coração da tristeza.
Com poema e brincadeira,
A alegria verdadeira
Nasce como mil sementes,
Toca a vida do brincante
E em menos de um instante
Somos todos diferentes.

Pode ser bem paradinha
Ou gerando suadeira,
Em lugar grande ou pequeno,
Mas que seja verdadeira.
A vida perde sua graça
Sem poema e brincadeira.

Despedida

décima

Os poemas terminaram
E a rima vai partir.
Se eu fiz o povo sorrir,
Se os leitores gargalharam
Os meus versos alcançaram
A suprema alegria,
Pois brinquedo e poesia
É uma dupla que combina
Feito luz que ilumina –
Adeus, até outro dia.

Título	Poesias	Número de versos por estrofe	Número de sílabas poéticas	Posição das rimas	Observações
Abertura	Triolé	8	7	ABaAabAB *As letras maiúsculas indicam os versos que se repetem*	Triolé é uma antiga forma fixa de poesia. Sua estrutura consiste em uma ou mais oitavas, com apenas duas rimas cada. O primeiro verso é repetido no quarto e no sétimo e rima com o terceiro e quinto. Já o segundo verso é repetido no final e rima com o sexto.
Garrafa Girando	Quadra	4	5	ABBA	A quadra é uma das modalidades poéticas mais utilizadas em todo o nosso cancioneiro popular. Também se faz muito presente em muitas brincadeiras de roda, canções etc.
Cabo de Guerra		4	5	XAXA	Nesta posição de rimas, os versos ímpares não precisam rimar.
Cobra com Corda, Bambolê	Quintilha à moda Limerique	5	8 e 5	AABBA	De origem europeia, o limerique, geralmente, é uma forma poética de uma só estrofe, muito utilizada para poemas de humor. São estrofes de cinco versos. Quanto à métrica, possuem 8 sílabas nos versos com a rima em "A" e 5 sílabas nos versos com a rima em "B".
Os Potes da Bruxa	Sextilha	6	5	AABCCB	As sextilhas, também chamadas de sextetos, são todas as estrofes de seis versos.
Quem está Diferente?	Poesia Visual	----	----	----	A poesia visual é uma antiga composição poética na qual os versos sugerem uma forma de algo que lhe serviu de tema.
Sapato de Lata	Carretilha	10	5	ABBAACC DDC	Esta posição de rimas em décimas compostas por versos de cinco sílabas foi bastante utilizada por poetas de diversas tradições.
Pular Corda	Parelha	2	7	AA, BB, CC, DD, EE, FF...	Parelhas são estrofes que possuem dois versos.
Sumiram as Banquetas!			5		
Roda dos Bichos	Galope à beira-mar	10	Dois versos de 5 sílabas por verso	ABBAACC DDC	Esta forma poética é muito utilizada pelos repentistas de viola e cordelistas nordestinos. É considerada uma das estruturas mais complexas da nossa poesia popular. Todos os versos da estrofe são compostos de dois versos de cinco sílabas cada.

Título	Poesias	Número de versos por estrofe	Número de sílabas poéticas	Posição das rimas	Observações
Anel no Barbante	Terça Rima	3, última estrofe 4	7	ABA, BCB, CDC, DED...	Terça Rima é uma antiga composição poética formada por uma série de tercetos e uma quadra final. O primeiro e o terceiro versos rimam entre si; já o segundo verso rima com os versos extremos do terceto seguinte até o fim do poema que é finalizado com uma quadra, feita acrescentando um último verso rimando com o segundo.
O Robô da Confiança	Oitava de cordel	8	7	AAABBCCB	Esta estrofe é muito utilizada pelos poetas cordelistas e repentistas nordestinos.
Telefone com Latas e Barbante	Vilanela	3, última estrofe 4	7	a^1ba^2, aba^1, aba^2, aba^1, aba^1a^2	Vilanela é um poema formado por uma série de tercetos e, ao final, uma quadra. O primeiro e o terceiro versos da primeira estrofe serão repetidos alternadamente ao fim da cada terceto subsequente.
O Rabo do Dragão Doido	Quadras	4	7	XAXA	A quadra de sete sílabas é, talvez, a forma poética mais utilizada no cancioneiro popular dos países de língua latina.
	Quintilha	5		XABBA	
Acróstico	Décima	10	7	ABABCCDEED	Acróstico é uma composição poética em que as letras iniciais de cada verso, quando lidas na vertical, formam uma palavra. Os acrósticos podem ou não estar em estrofes rimadas e metrificadas.
	Sextilha	6		XAXAXA	
Despedida	Décima	10	7	ABBAACCDDC	Esta posição de rimas é muito utilizada por improvisadores de vários países. No Brasil, por exemplo, utilizam-na os travadores gaúchos, os cantadores de viola e emboladores nordestinos.

Considere: "X" versos livres e "A", "B", "C", "D","E" e "F" versos que rimam entre si.

Um pouquinho mais

Métrica:
É a "medida" do verso.
Seu tamanho é contado de acordo com o número de sílabas. É interessante notar que a contagem de sílabas poéticas é diferente das sílabas gramaticais (nesta, contam-se todas as sílabas). A contagem poética é feita até a sílaba tônica da última palavra. Mas lembre-se de que nem todo poema é metrificado.

Rimas: São concordâncias sonoras. As palavras que rimam entre si possuem o mesmo som na sua terminação. As rimas iniciam-se na vogal da sílaba tônica e seguem até o final da palavra. Por exemplo:

C**obra** – rima em "obra"
M**úsica** – rima em "úsica"
P**oema** – rima em "ema"

As rimas podem ser perfeitas, ou seja, possuírem exatamente o mesmo som na sua terminação:

H**ora** – senh**ora** – rimas em "ora"
M**esa** – bel**eza** – rimas em "eza". Neste caso, a grafia é diferente, mas o som é igual.

As rimas também podem ser imperfeitas ou, seja, possuírem sons parecidos na terminação.

Am**or** – cheg**ou**
Esp**erto** – proj**eto**
Espinh**eiros** – viol**eiro**